ARABESQUE

Floral Patterns Coloring Book

The arabesque is a form of artistic decoration consisting of "surface decorations based on rhythmic linear patterns of scrolling and interlacing foliage, tendrils" or plain lines, often combined with other elements. Another definition is "Foliate ornament, used in the Islamic world, typically using leaves, derived from stylised half-palmettes, which were combined with spiralling stems". It usually consists of a single design which can be 'tiled' or seamlessly repeated as many times as desired. Within the very wide range of Eurasian decorative art that includes motifs matching this basic definition, the term "arabesque" is used consistently as a technical term by art historians to describe only elements of the decoration found in two phases: Islamic art from about the 9th century onwards, and European decorative art from the Renaissance onwards. Interlace and scroll decoration are terms used for most other types of similar patterns.

Duplicate designs are for coloring in two different ways

You can use a compass to complete easily the drawings

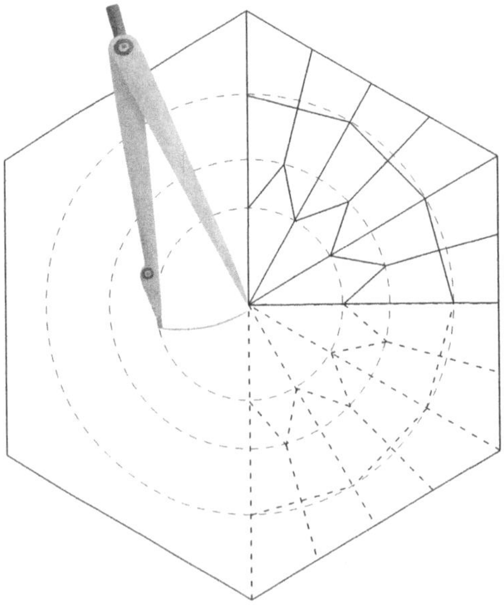

Draw, Color and Enjoy !

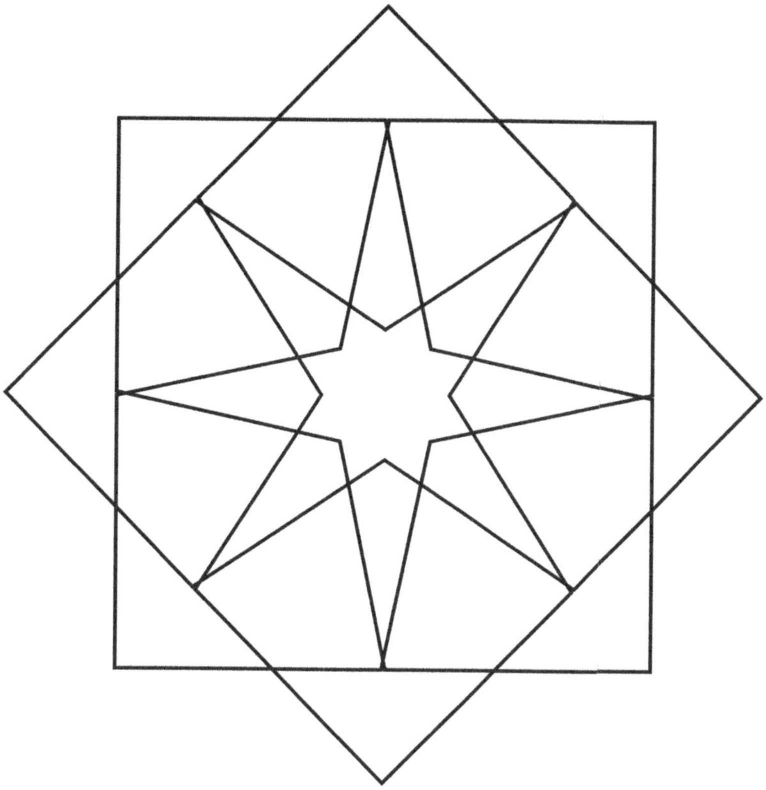

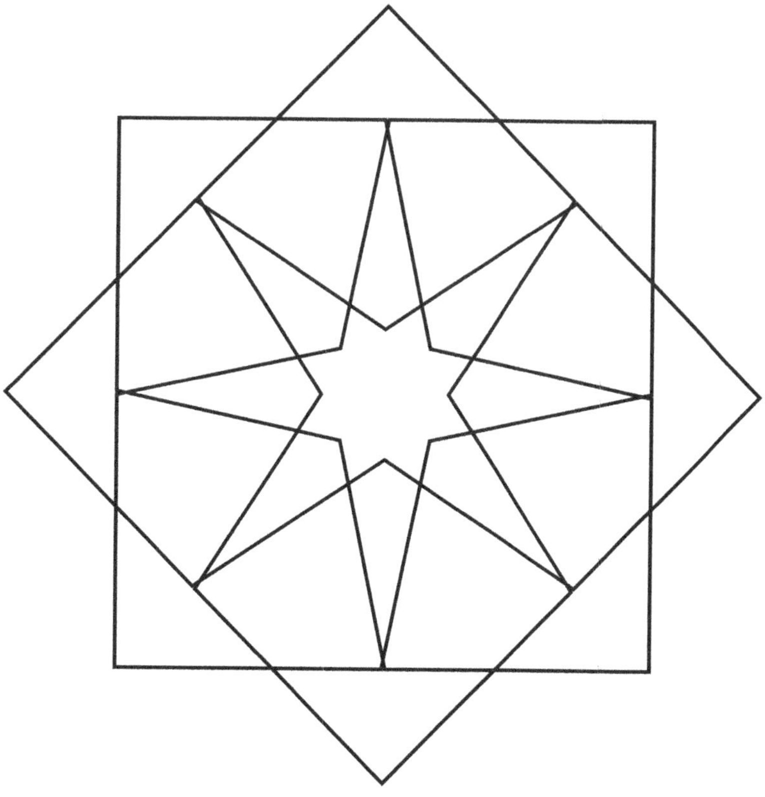

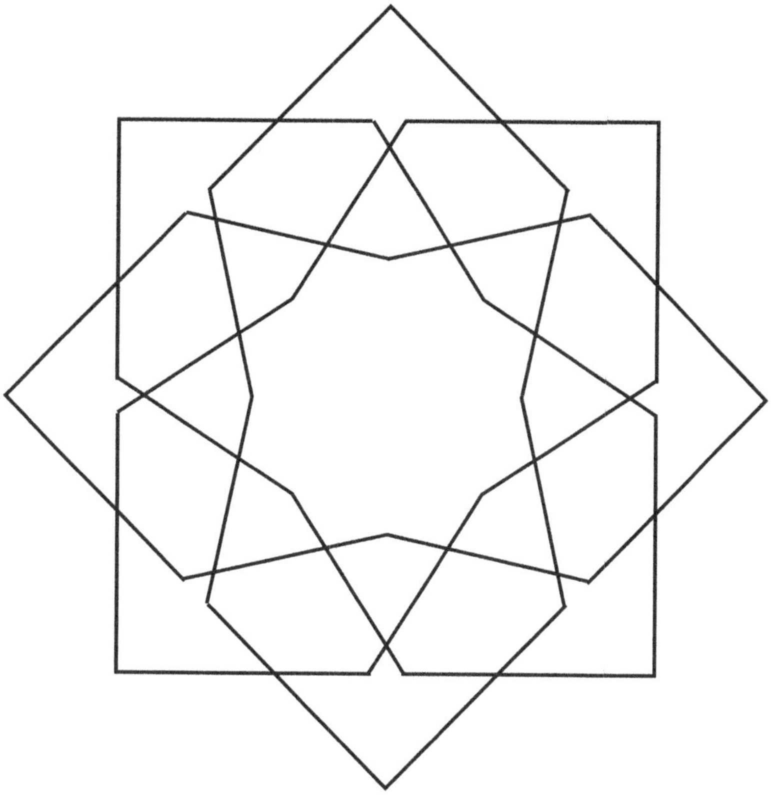

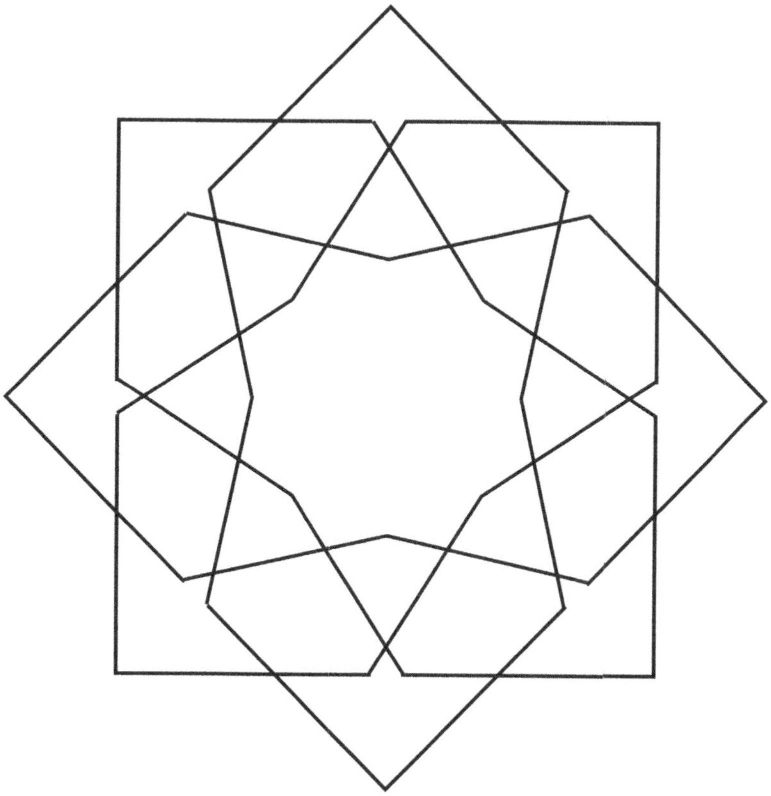

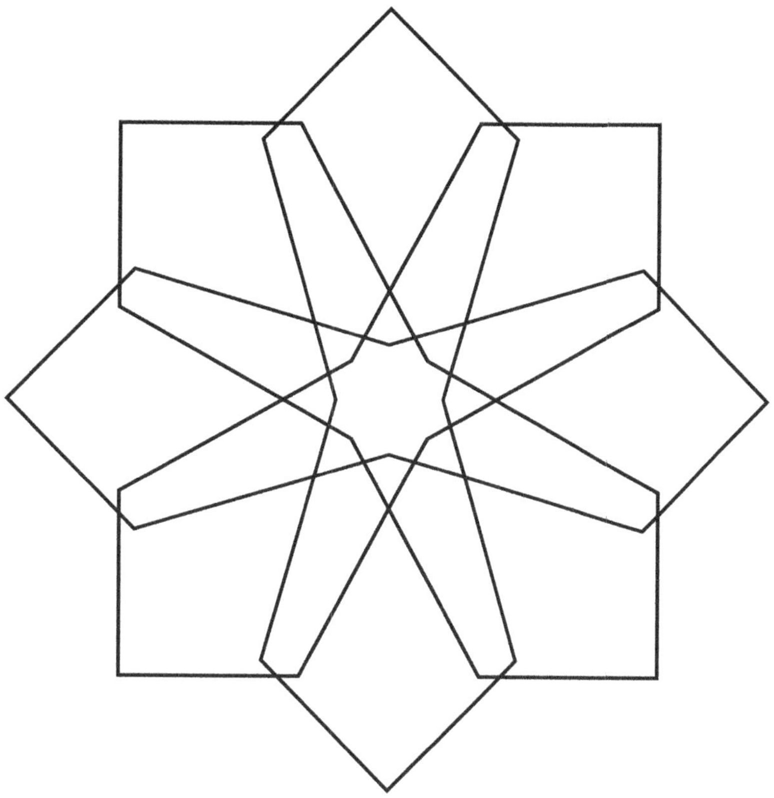

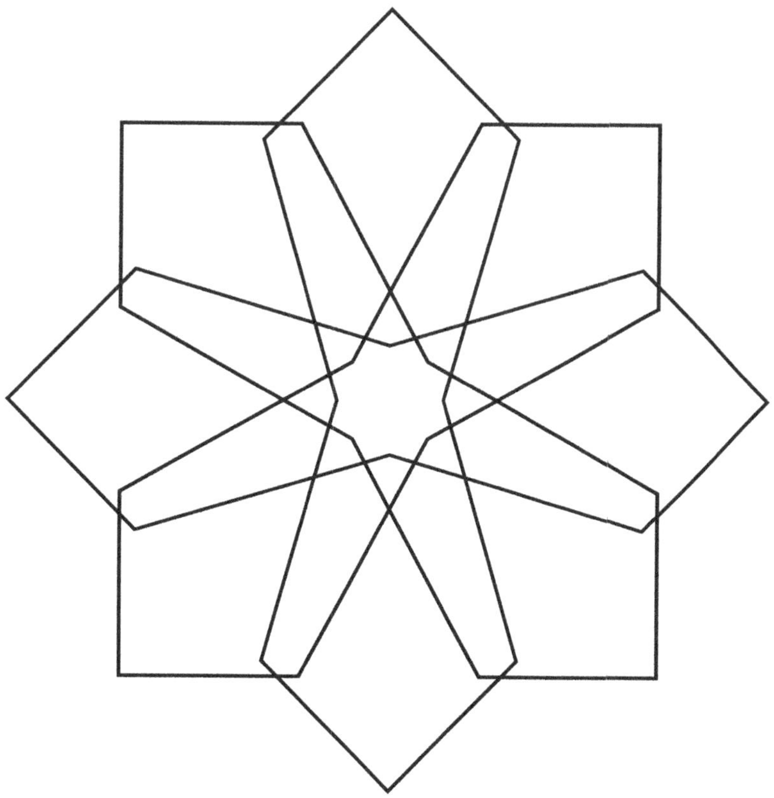

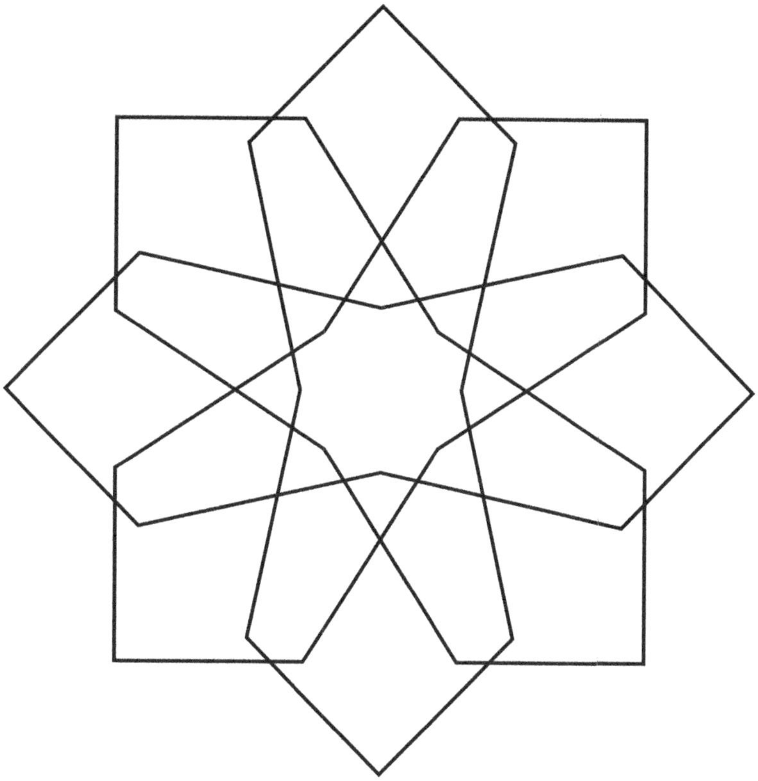

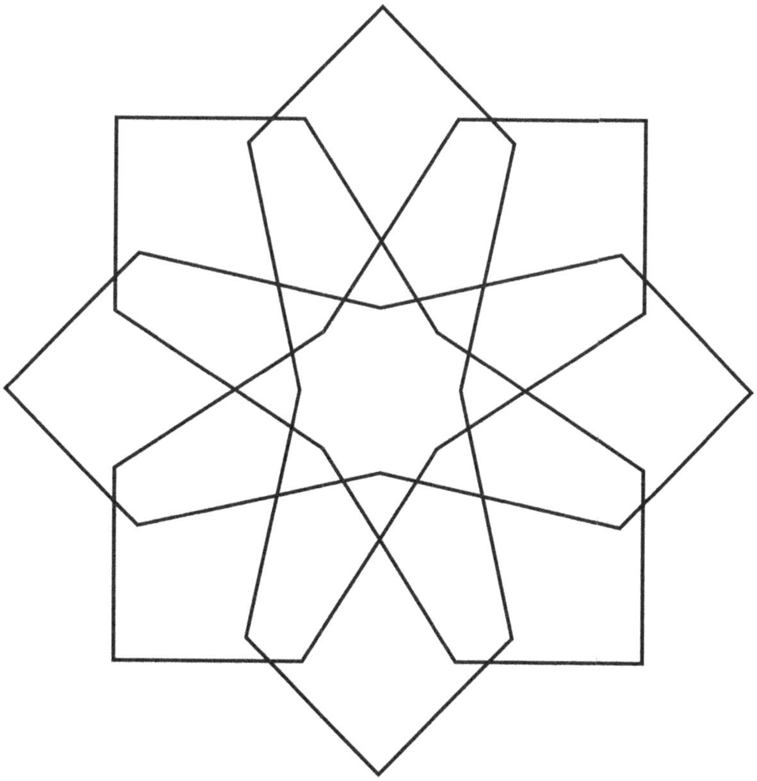

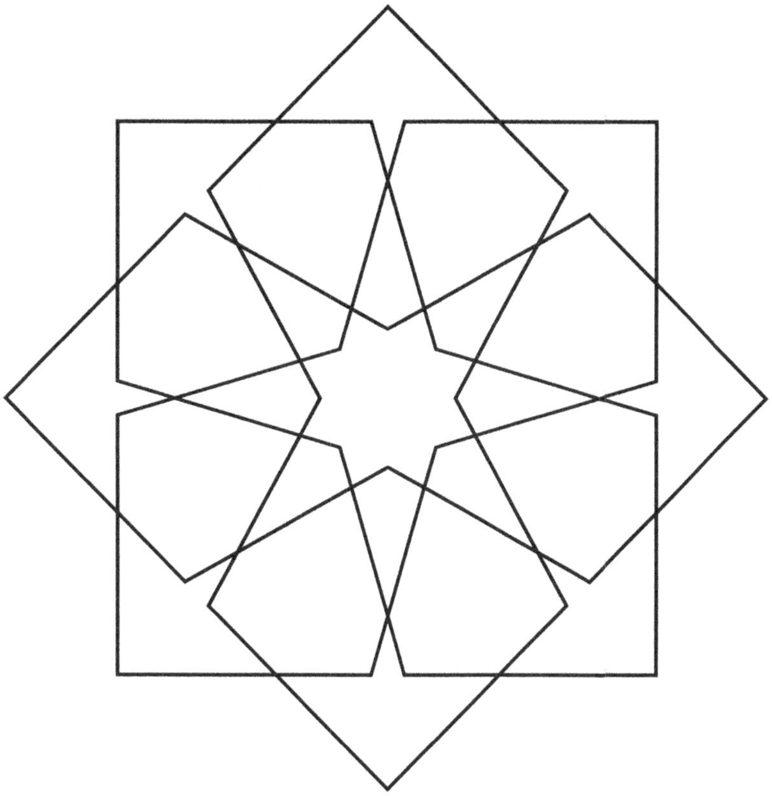

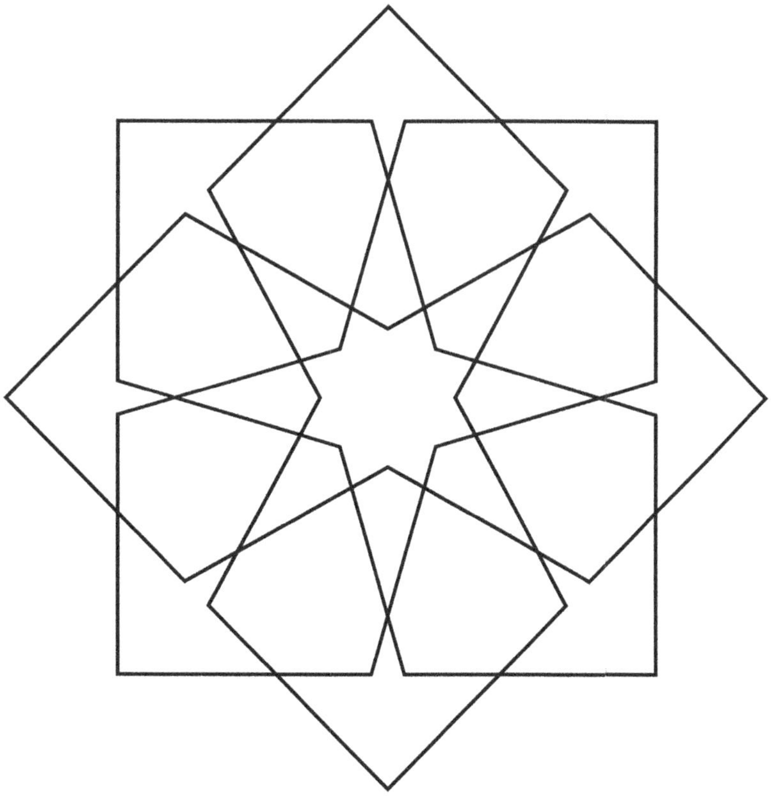

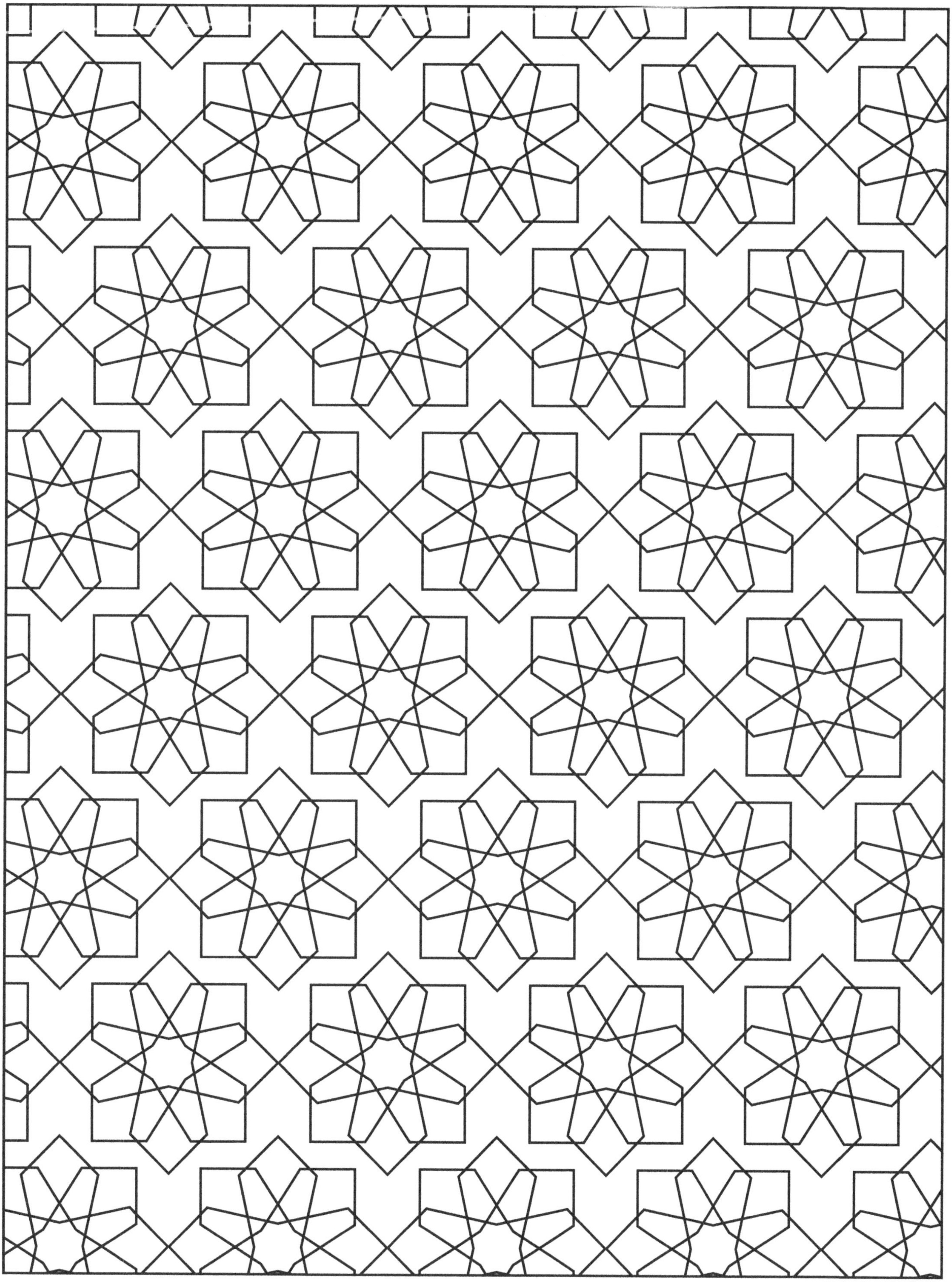

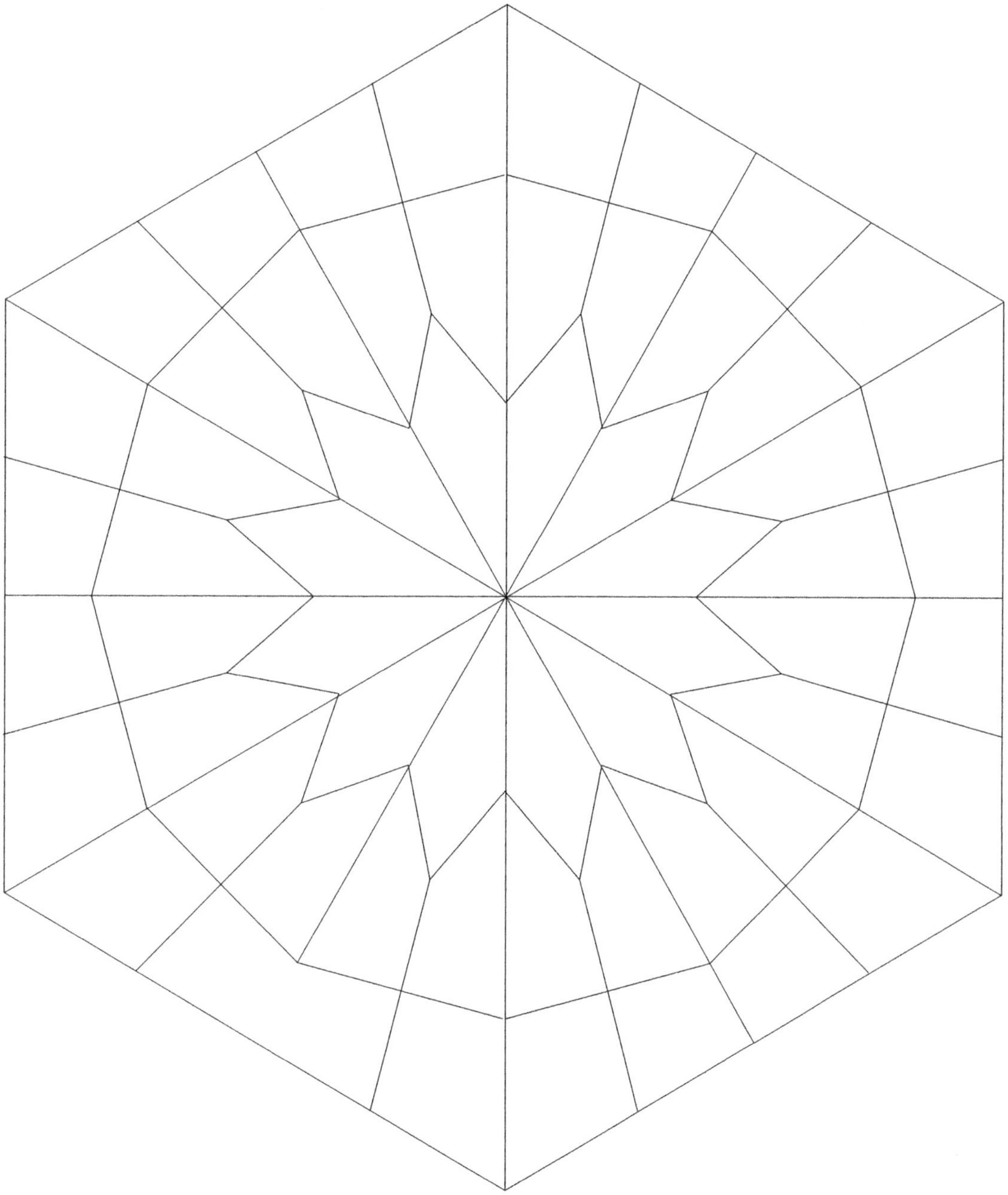

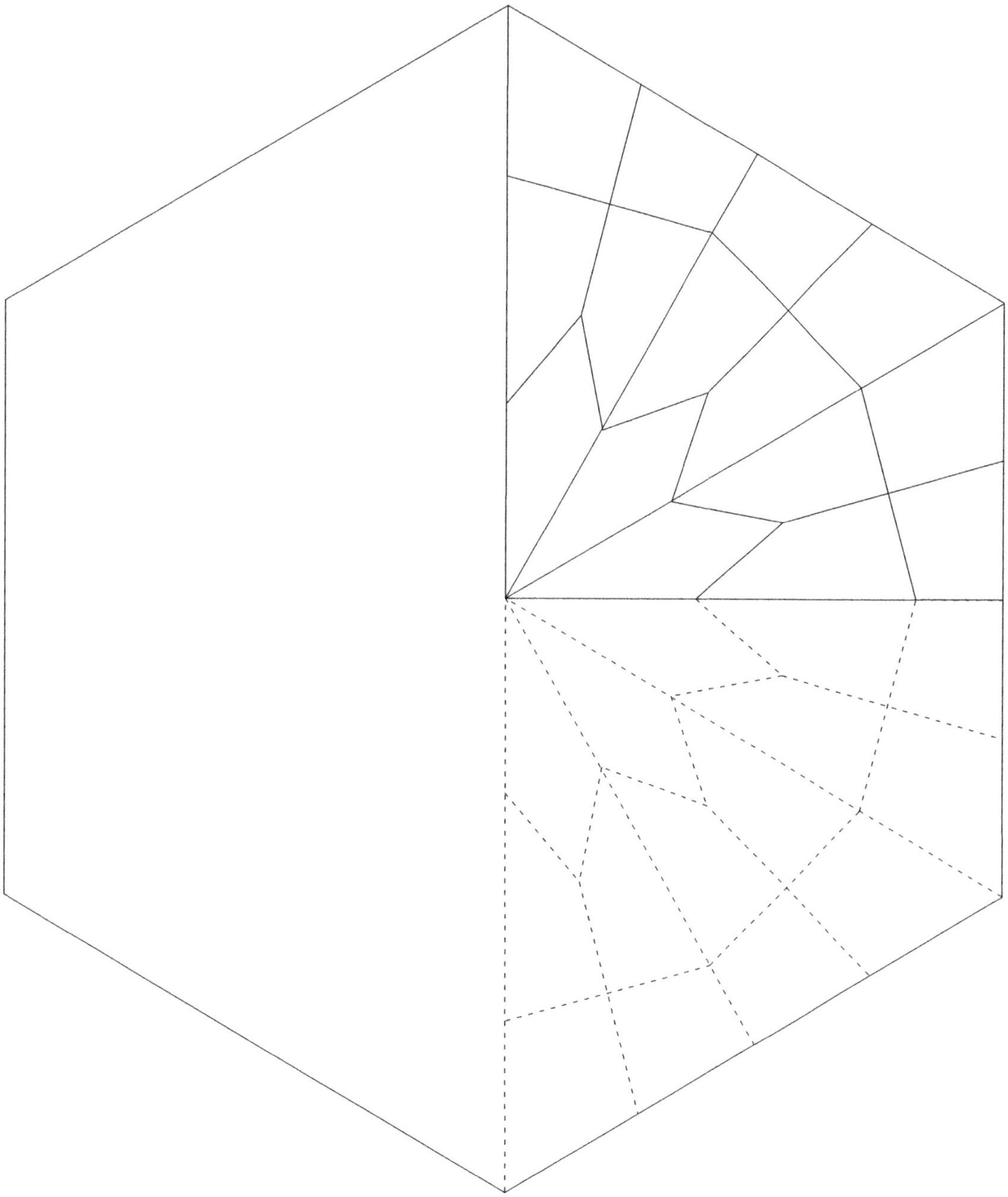

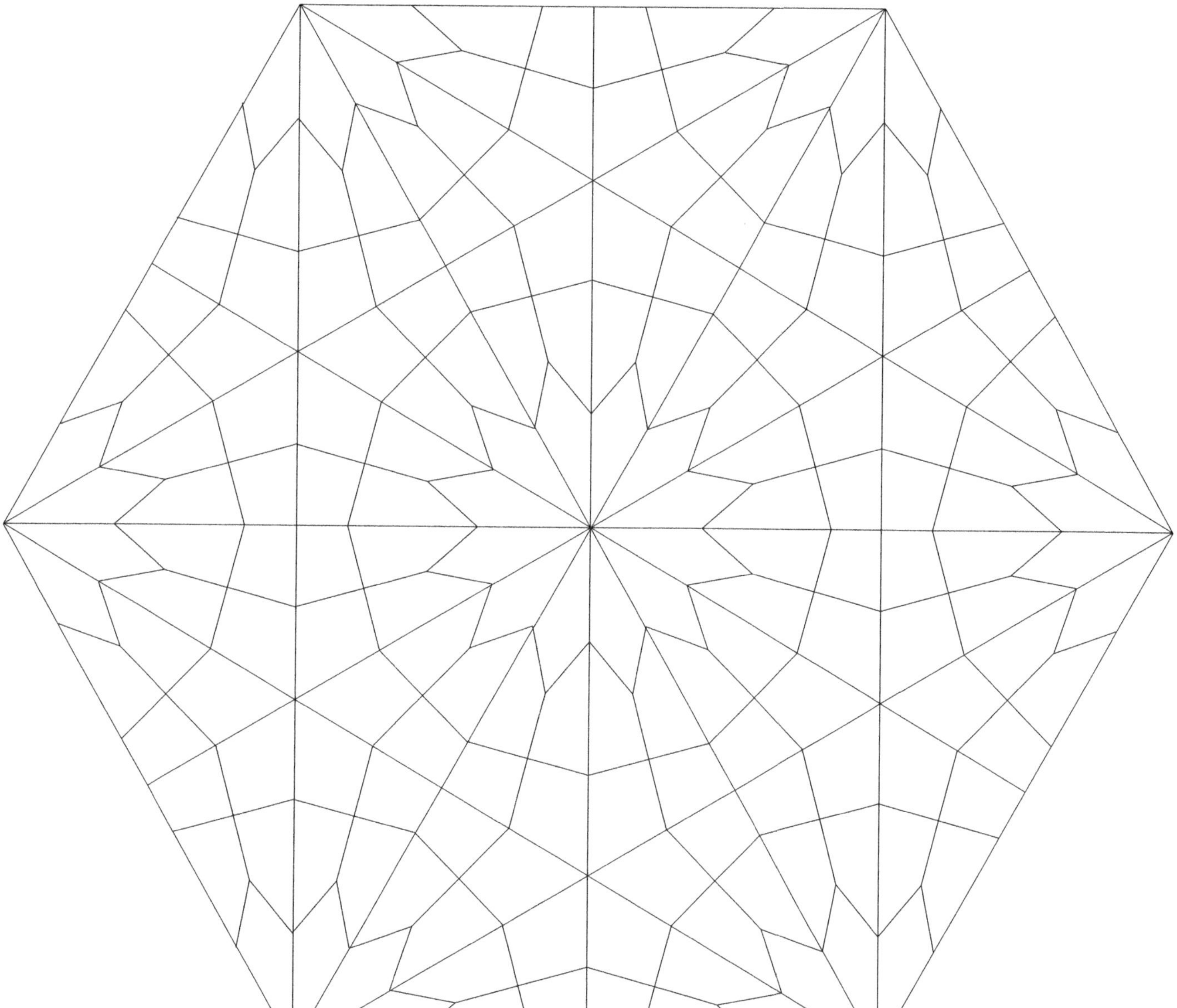

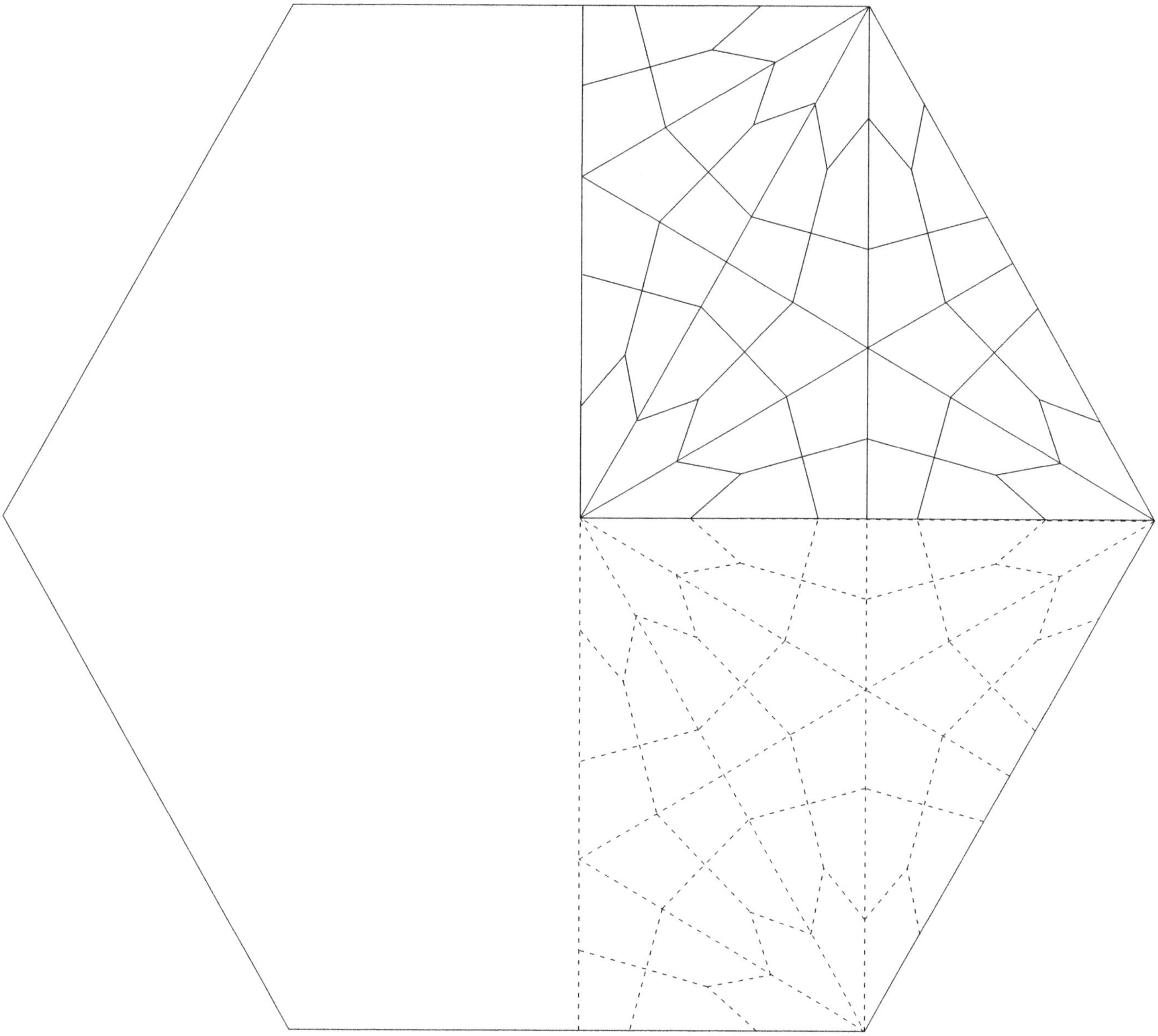

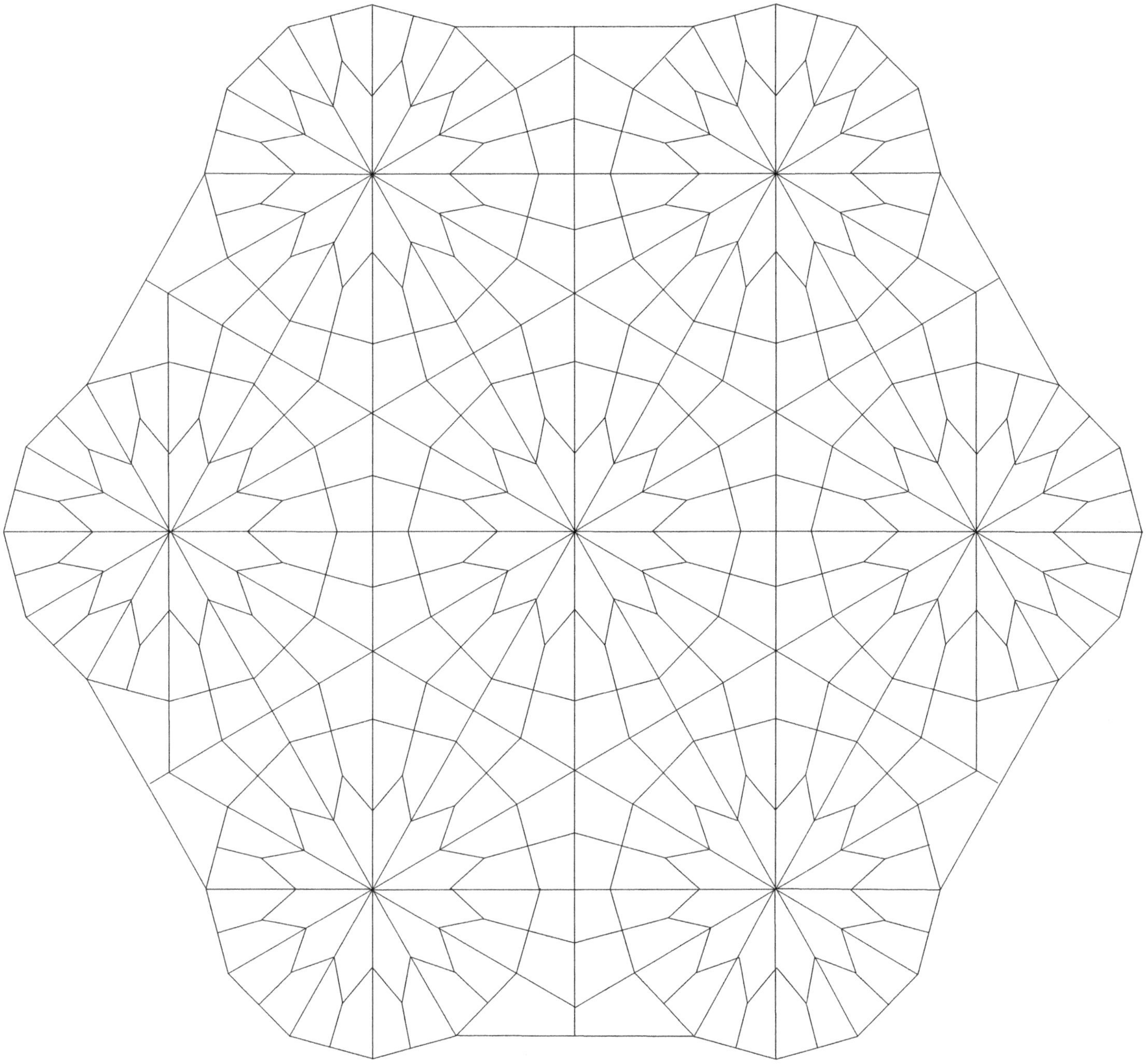

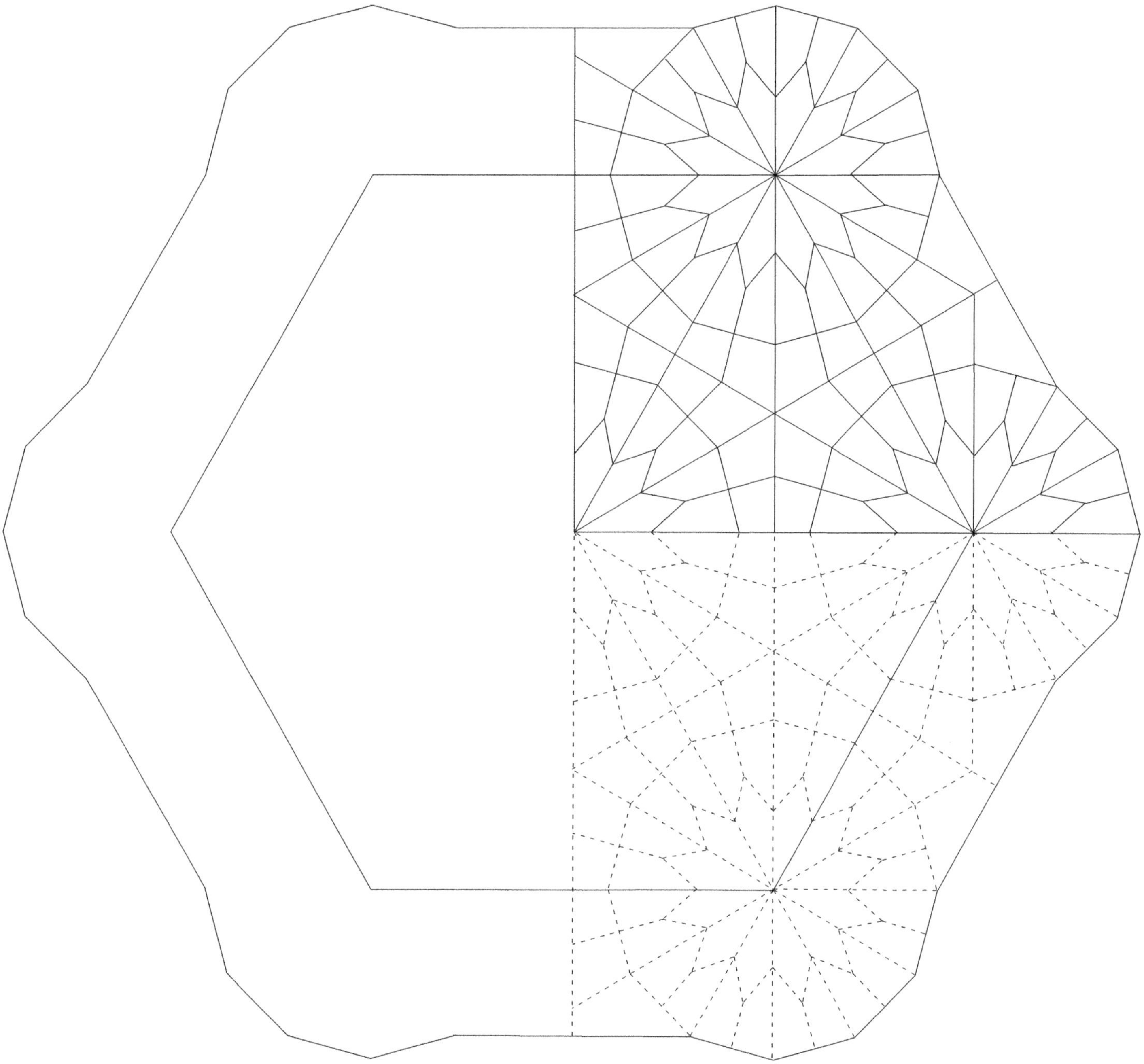

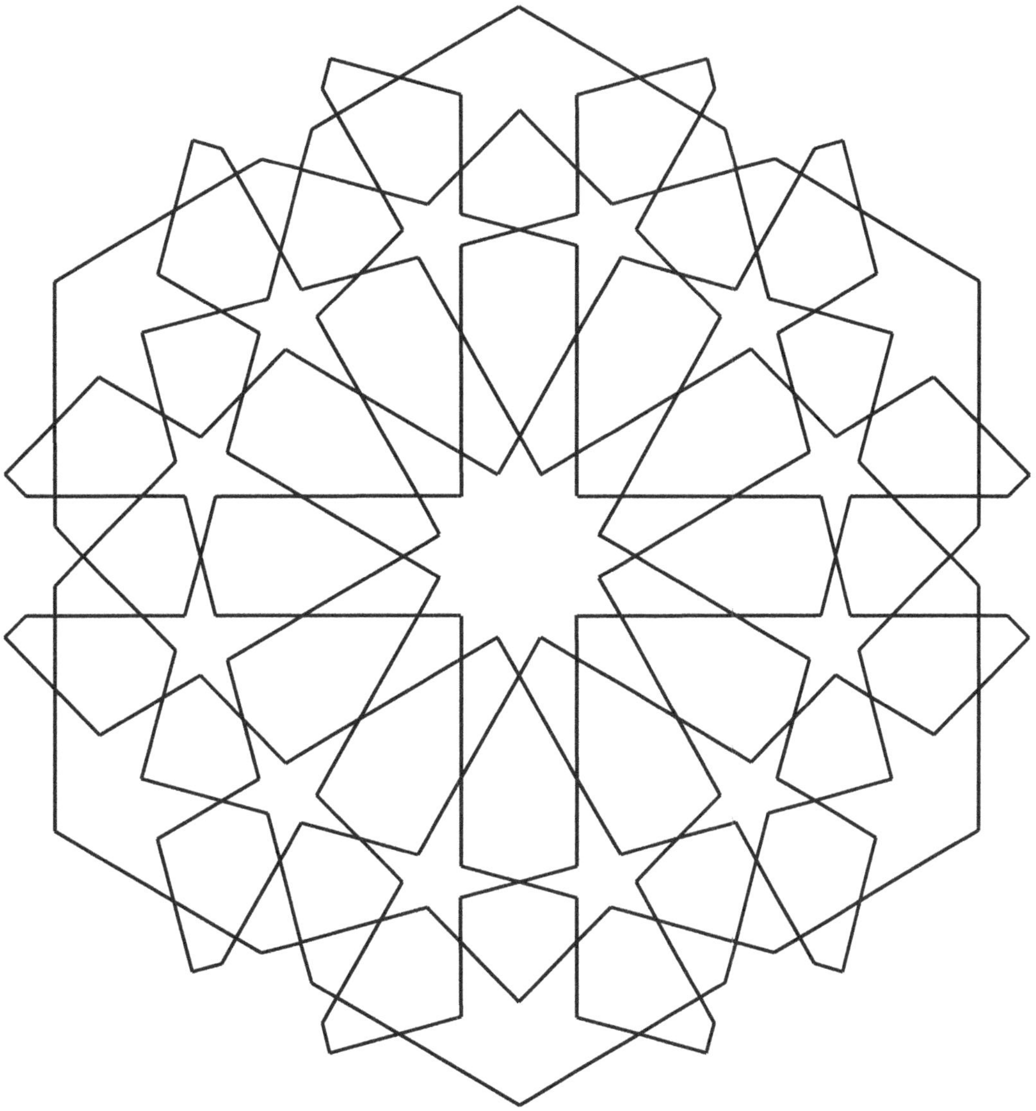